AF307948

Dennis Hans Ladener

Demokratie?

„Eine Einführung
der unterschiedlichen
Herrschaftsvariationen"

Freidenker

1. Auflage
© 2021 Dennis Hans Ladener
(dladener@googlemail.com)

Herstellung und Verlag: BoD – Books on Demand, Norderstedt.

ISBN: 9783753454825

Dennis Hans Ladener

geboren am 11.05.1990 in Köln, ist ein deutscher **Philosoph und**

Schriftsteller, welcher bereits im jungen Alter von nur **29** Jahren geschafft hat **zehn** *„philosophische Sachbücher“* in Eigenregie auf den Markt zu bringen.

- *Reset: Der Anfang einer Neuen Welt*
- *Die 4 Säulen des Scheiterns*
- *SklavenLEBEN*
- *Das Handbuch der Welt*
- *Die Datenwelt Theorie*
- *Die Datenwelt Theorie 2.0*

- *Arthur Schopenhauer: Eine "kleine" Einführung*
- *Eine kurze Zusammenfassung des Ganzen*
- *Die höhere Erkenntnis: Ein Weg zum besseren Verständnis der Welt*
- *Eine kurze Zusammenfassung des Ganzen & Die höhere Erkenntnis: 2in1 Sonderedition*

Schwerpunkt seiner Arbeiten, sowie seines Denkens beruhen hierbei im Kern auf der Philosophie des brillanten deutschen Philosophen **Arthur Schopenhauer** *(* 22. Februar 1788 in Danzig; † 21. September 1860 Frankfurt am Main).*

Da dessen Hauptwerk **„Die Welt als Wille und Vorstellung"** stets die größte Quelle der Inspiration für ihn selbst bereithielt.

„Ich war wohl schon immer ein klein wenig sonderbar und verbrachte bereits in meiner Kindheit viel Zeit damit über die Welt nachzudenken. Fantasie, Vorstellungskraft, sowie eine stark ausgeprägte natürliche Neugierde waren hierbei stets meine treuesten Begleiter."

„Das Geheimnis dahinter, warum ich so geworden bin wie ich bin, liegt wohl darin verborgen, dass ich es stets vermieden habe ein „Erwachsener" zu werden!"

2011 beendete er erfolgreich seine Ausbildung zur **„Fachkraft für Schutz und Sicherheit".** Von nun an konnte er sich voll und ganz auf sein

„persönliches Studium" der
Philosophie konzentrieren.

*„Mit 21 Jahren verliebte ich mich
endgültig in die Philosophie und
schließlich auch in die Gedankenwelt
Arthur Schopenhauers."*

*„Es war ein langer, einsamer, sowie
steiniger Weg. Doch bereut habe ich es
nie ihn gegangen zu sein!"*

***Der Antrieb
unseres Autors liegt darin, komplexe und
nur schwer zu verstehende
„philosophische", „gesellschaftskritische"
sowie „naturwissenschaftliche" Themen
so simpel und anschaulich wie möglich
der breiten Bevölkerung zugänglich zu
machen.**

**Kein leichtes Unterfangen.
Doch eines, welches sich definitiv zu
versuchen lohnt!**

Inhaltsverzeichnis

Vorwort

- Was genau versteht man unter dem Begriff "Herrschaftsform"?
- Wie viele Herrschaftsvariationen gibt es eigentlich überhaupt?
- Inwieweit unterscheiden sich diese voneinander?

Mir persönlich hat man damals in der Schule immer eingetrichtert, dass wir uns innerhalb der Bundesrepublik Deutschland alle gemeinschaftlich in einer sogenannten Demokratie befinden und dass besagte Demokratie das Maß der Dinge schlechthin darstellt, „das Nonplusultra!"

Doch was wäre wenn uns nur vorgemacht würde, dass wir in einer demokratischen Gesellschaft leben? **Eventuell befinden wir uns ja bereits schon seit längerem in Wahrheit in einer Oligarchie, welche sich uns lediglich als Demokratie ausgibt!**

Und überhaupt, was macht dich so sicher, dass Demokratie tatsächlich so wunderbar sei wie man es uns stetig versucht einzureden?

Mit vier entscheidenden Fragen werden wir uns dementsprechend nun gemeinsam in diesem kleinen Werk befassen:

1. Was ist eine Herrschaftsform?

2. Leben wir überhaupt tatsächlich in einer Demokratie?

3. Stellt die Demokratie wirklich das Maß der Dinge des gesellschaftlichen Zusammenlebens dar?

4. Welche Alternativen gibt es?

Einleitung

Gesetze allein reichen wohl nicht aus, um den gesellschaftlichen Frieden dauerhaft zu bewahren, da sie ohne eine stets übergeordnete allmächtige Instanz, welche die Einhaltung dieser Gesetze überwacht und ihre Missachtung mit unterschiedlich harten Strafen belegt, nicht furchteinflößend und wirkungsvoll genug sind, damit sich eine große Anzahl an individueller Menschen auch tatsächlich gemeinsam an ihnen halten.

Werden die allgemeingültigen Gesetze jedoch durch eine höhere Instanz kontinuierlich, sowie konsequent durchgesetzt und überwacht, besteht zwischen den einzelnen, oftmals sehr unterschiedlichen Bürgern der jeweiligen Gesellschaft, kein tatsächlicher Anlass mehr zur Furcht.

Dadurch bietet diese für die Gesellschaft stets übergeordnete Instanz Schutz, sowie

Sicherheit und gewährleistet eine Umsetzung der eigenen Interessen und Wünsche innerhalb des für Jedermann und jeder Frau gleichermaßen geltenden vorgegebenen Rahmens.

Jeder einzelne Bürger verzichtet somit freiwillig auf jegliche Ansprüche der eigenen persönlichen Macht, sowie seines Selbstbestimmungsrechts zugunsten seines persönlichen Schutzes, sowie der Allgemeinheit.

Rein auf das Wesentliche reduziert
können alle uns bekannten
„Herrschaftsvariationen" zunächst einmal
in zwei unterschiedliche Kategorien
eingestuft werden:

1. **Die am Gemeinwohl orientierten Herrschaftsvarianten,** welche die Eigenschaften der Weisheit Tugendhaftigkeit, sowie Gerechtigkeit verkörpern und daher im allgemeinen Sinne als **"gute"** Herrschaftsformen definiert werden können.

2. **Die rein durch egoistische Begierden ambitionierten Herrschaftsvarianten,** welche die Eigenschaften der Willkürlichkeit, Manipulation, Eigennützigkeit, sowie der Gewaltherrschaft verkörpern und daher im allgemeinen Sinne als **"schlechte"** Herrschaftsformen definiert werden müssen.

Der alte griechische Philosoph Aristoteles (griechisch Ἀριστοτέλης Aristotélēs, Betonung lateinisch und deutsch: Aristóteles; * 384 v. Chr. in Stageira; † 322 v. Chr. in Chalkis auf Euböa) unterschied beispielsweise zwischen sechs unterschiedlicher Herrschaftsvariationen:

1. Der Monarchie
(Die Herrschaft des einen)
2. Der Aristokratie
(Die Herrschaft der Besten)
3. Der Timokratie (Politie)
(Die Herrschaft des "Vernünftigen" Volkes)

Sowie deren "negativ" ausgearteten Pendants:

1. Die Tyrannis/Despotie (Diktatur)
(Die Herrschaft eines Tyrannen, Despoten, Diktatoren.)
Eine unumschränkte, willkürliche Gewaltherrschaft!

2. Die Oligarchie
(Die Herrschaft von wenigen)
3. Die Demokratie (Ochlokratie)
(Die Herrschaft des Volkes)

Von der Monarchie aus verläuft die Entwicklung hin zur Tyrannis, denn die Tyrannis gilt als eine negative Entartung der Alleinherrschaft, wobei beispielsweise ein zuvor noch guter König **(Monarch)** sich zu einem bösen Tyrannen **(Diktator)** entwickelt.

Aus der Aristokratie wiederum entwickelt sich durch die egoistische Verderbtheit der herrschenden Schicht schließlich **die Oligarchie.**

Oligarchen verteilen laut Aristoteles das, was es zu teilen gibt, allerdings ganz nach ihren eigenen persönlichen Vorstellungen und Ermessen. Sie geben alle Reichtümer zum größten Teil sich selbst, die wichtigsten Ämter stets den gleichen dem Club angehörigen

Personen. Dadurch wird die herrschende Schicht recht klein gehalten und leider sind es niemals die Besten, die ihr angehören, **sondern stets die Schlechtesten**!

Aristoteles stellt die These auf, dass sich aus der **Timokratie (Politie)** letztendlich die **Demokratie (Ochlokratie)** entwickelt denn Ihrem Wesen nach will die **Politie** eine Herrschaft der Mehrheit sein, in der alle Angehörigen der Vermögensklassen als gleich gelten.

Als am wenigsten "schlecht" unter den Abarten der Herrschaftsvarianten reiht Aristoteles somit **die Demokratie** ein, da sie lediglich in einem geringen Maße von der Politie abweicht.

"Gute" Herrschaftsvarianten:
1. Die Monarchie
2. Die Aristokratie
3. Die Timokratie (Politie)

"Schlechte" Herrschaftsvarianten:

1. Die Tyrannis/Despotie (Diktatur)
2. Die Oligarchie
3. Die Demokratie (Ochlokratie)

„Monarchie > Tyrannis
Aristokratie > Oligarchie
Timokratie > Demokratie"

Monokratie
"Die Herrschaft des Einen"
(bspw. Königs, Kaisers Großherzog oder Fürsten)

Monokratie ist der Oberbegriff für Herrschaftsvarianten der Alleinherrschaft innerhalb einer Gesellschaft bei denen die Führungs- und Entscheidungsgewalt bei nur einem einzigen Menschen verborgen liegt!

Die Monarchie
Eine am Gemeinwohl orientierte "gute" Herrschaftsvariante!

Die Monarchie unterscheidet sich zunächst einmal in der **"Wahlmonarchie"** sowie **"Erbmonarchie"**.

Wahlmonarchie:

Eine Monarchie, deren Herrscher nicht durch eine festgelegte Erbreihenfolge, sondern durch eine vorherige Wahl abgestimmt wird!

Folgende drei Länder sind
gegenwärtig Wahlmonarchien:

- Kambodscha -
Staats und Regierungsform:
„Parlamentarische Wahlmonarchie"
Staatsoberhaupt:
König Norodom Sihamoni

- Malaysia -
Staats und Regierungsform:
„Parlamentarische Wahlmonarchie"
Staatsoberhaupt:
König Abdullah Shah

- Vereinigten Arabischen Emirate -
Staats- und Regierungsform:
„Konstitutionelle Wahlmonarchie"
Staatsoberhaupt:
*Staatspräsident Scheich Chalifa bin Zayid
Al Nahyan*
Regierungschef:
*Premierminister Scheich Muhammad bin
Raschid Al Maktum*

Die sieben Emire der Vereinigten Arabischen Emirate wählen aus ihren Reihen ein Staatsoberhaupt, das den Titel Präsident erhält. Traditionell wird der jeweilige Emir von **Abu Dhabi** in diese Position gewählt, ebenso ist der Emir von **Dubai** traditionell Regierungschef.

- Die Vatikanstadt -
Staats- und Regierungsform:
„Absolute Wahlmonarchie"
Staatsoberhaupt:
Der „Papst Franziskus" ist als Bischof von Rom Staatsoberhaupt und besitzt die Fülle der gesetzgebenden, ausführenden und richterlichen Gewalt gemäß
Art. 1, Abs. 1 des Grundgesetzes des Vatikanstaates!

Die Vatikanstadt ist die letzte „absolute Wahlmonarchie" Europas!

Der „kleinste Staat" der Welt

Die Macht des Vatikanstaates

liegt allein in den Händen des amtierenden Papstes (Monarchen). Er stellt Jurisdiktion, Legislative, sowie Exekutive zugleich dar. Der jeweilige Papst wird von den Kardinälen gewählt und übt sein Amt in der Regel bis zu seinem Tod aus.

Obwohl der Alleinherrscher, der Papst, über weniger als 700 Staatsangehörige herrscht, erstreckt sich seine wahre Macht/Einfluss als Oberhaupt der römisch-katholischen Kirche auf mehr als **1,2 Milliarden Erdenbürger!**

Erbmonarchie:

Eine Monarchie bei der die Thronfolge **„Patrilinear** (erbrechtlich)" geregelt ist, wobei die Herrschaft meist vom Vater auf den Sohn übertragen wird.
Eine weitere Erbregel bestimmt, welches von mehreren Kindern erben wird.
Bei der **"Primogenitur"**, die in der Praxis meist wesentlich häufiger vertreten ist, erhält das älteste Kind das Erbe bei der **"Ultimogenitur"** dagegen das jüngste Kind!

Bekannte Erbmonarchien Europas

Niederlande:
„Parlamentarische Erbmonarchie"
-König Willem-Alexander seit 2013

Belgien:
„Parlamentarische Erbmonarchie"
-König Philippe seit 2013

Dänemark:
„Parlamentarische Erbmonarchie"
-Königin Margrethe II. seit 1972

Liechtenstein:
„Konstitutionelle Erbmonarchie"
-Fürst Hans-Adam II. seit 1989

Luxemburg:
„Konstitutionelle Erbmonarchie
(Parlamentarische Erbmonarchie)"
-Großherzog Henri von Nassau seit 2000

Monaco:
„Konstitutionelle Erbmonarchie"
-Fürst Albert II. seit 2005

Norwegen:
„Parlamentarische Erbmonarchie"
-König Harald V. seit 1991

Schweden:
„Parlamentarische Erbmonarchie"
-König Carl XVI. Gustaf seit 1973

Spanien:
„Parlamentarische Erbmonarchic"
-König Felipe VI. seit 2014

Erb-, sowie Wahlmonarchien lassen sich zudem zusätzlich noch nach dem Ausprägungsgrad ihrer tatsächlichen Macht unterscheiden.

Absolute Monarchie
Unbegrenzte Macht!

In einer absoluten Monarchie

werden sämtliche Angelegenheiten des Staates allein durch den Monarchen kontrolliert, weshalb seine Macht wahrhaftig als unangreifbar bezeichnet werden kann und somit nicht durch irgendwelche Institutionen eingeschränkt wird.

In einer absoluten Monarchie ist folglich eine einzige Person der Besitzer der Staatsgewalt, seine Macht kann von keiner anderen Person beeinflusst werden.

Der absolute Monarch besitzt zwar die uneingeschränkte, sowie ungeteilte Staatsgewalt, Theoretiker der absoluten

Monarchie wie **Thomas Hobbes** oder **Jean Bodin,** schlugen aber auch etwaige Beschränkungen vor, etwa dass der Monarch sich in seinem Handeln an die Regeln des Staatsgrundgesetzes zu halten hat.

Die absolute Monarchie war zwischen dem Ende des Dreißigjährigen Krieges (1618-1648) und der Französischen Revolution (1789) die verbreitetste Herrschaftsform in Europa.

Heutige absolute Monarchien

-Vatikanstadt
Staats und Regierungsform:
Absolute Wahlmonarchie
Staatsoberhaupt:
Papst Franziskus

-Katar
Staats und Regierungsform:
Absolute Erbmonarchie
Staatsoberhaupt:
Emir Scheich Tamīm bin Hamad ath-Thānī

-Saudi-Arabien
Staats und Regierungsform:
Absolute Erbmonarchie
Staatsoberhaupt:
König und Premierminister
Salman ibn Abd al-Aziz

-Eswatini
Staats und Regierungsform:
Absolute Erbmonarchie
Staatsoberhaupt:
König Mswati III.

-Oman
Staats und Regierungsform:
Absolute Erbmonarchie
Staatsoberhaupt:
Sultan Haitham ibn Tariq

-Brunei
Staats und Regierungsform:
Absolute Monarchie
Staatsoberhaupt:
Sultan Hassanal Bolkiah

Konstitutionelle Monarchie
Macht durch Verfassung begrenzt!

Eine konstitutionelle Monarchie

ist eine Variante der Monarchie, in welcher die Macht des herrschenden Monarchen durch eine Verfassung geregelt und limitiert (eingeschränkt) wird.

Die "konstitutionelle Monarchie" steht damit bereits im krassen Gegensatz im Vergleich zur "absoluten Monarchie"!

Parlamentarische Monarchie
Geringste Macht!

Der Monarch stellt in der Parlamentarischen Monarchie zwar das Staatsoberhaupt dar, gehört jedoch nicht tatsächlich der Regierung an!
Die Staatsgeschäfte werden in dieser Variation der Monarchie durch Parlament und Regierung ausgeführt.

„Der Monarch verkörpert meist rein
repräsentative Aufgabenbereiche!"

**Die parlamentarische Monarchie des
Vereinigten Königreichs Großbritannien**
und Nordirland. (Gegenwärtige
Monarchin ist seit 1952 Königin
Elisabeth II.) stellt ein schönes
Beispiel für diesen Umstand dar.

Sie selbst, sowie ihre
Familienangehörigen, nehmen
lediglich verschiedene zeremonielle
und repräsentative Funktionen wahr.
Die Königin besitzt zwar <u>theoretisch</u>
die Befugnisse einer **"konstitutionellen
Monarchin",** <u>darf ihre Hoheitsrechte
allerdings aufgrund eines alten
Gewohnheitsrechts nicht mehr
selbstständig ausüben, sondern
ausschließlich gemäß den Auflagen
durch Parlament und Regierung</u>.

„Aus diesem Grund ist sie
Auch de facto lediglich eine
parlamentarische Monarchin!"

Die Herrschaft der wenigen "Aristokratie" Eine am Gemeinwohl orientierte Herrschaftsvariante der Besten

In der klassischen Verfassungstypenlehre des Aristoteles stellt sie die Herrschaft der Besten (auch "Bestherrschaft" genannt), der Tugend, sowie der Tüchtigkeit dar!

Bezeichnet die Herrschaft einer kleinen Gruppe besonders befähigter, sowie besonnener Führungsmenschen, welche stets auch das Gemeinwohl ihrer Bürger in Betracht ziehen.

Idealerweise zeichnen sich "Aristokraten" durch besondere intellektuelle, sowie zwischenmenschliche Begabungen aus!

Dadurch ergibt sich ihr Ruf und ihre Verantwortung die Zukunft des Volkes besser als andere bestimmen zu können. **Tugenden und Traditionen haben deshalb in aristokratischen Herrschaftsformen meist einen ganz besonderen Stellenwert!**

Aristokratische Herrschaftsvarianten haben jedoch die Tendenz sich in eine **Oligarchie** zu wandeln. **So kann beispielsweise das Streben nach mehr persönlicher Macht, Geld oder Einfluss plötzlich zu sehr überhand nehmen!**

Insbesondere in der antiken Philosophie wurde bereits des Öfteren erläutert, wie leicht dadurch bereits ganze Nationen zu Grunde gegangen sind!

"Oligarchie" (Kakistokratie)
Eine Herrschaft der Schlechtesten!
„Rein egoistisch ambitionierte Herrschaftsvariante.“

"Die gesetzlose Herrschaft der egoistischen Reichen",
eine mächtige kleine Gruppierung intelligenter Individuen, welche nur an ihrem eigenen Wohl interessiert sind und dementsprechend ihr Handeln ausrichten.

„Die Politik dieser wenigen Egoisten ist meist von Korruption und Vetternwirtschaft geprägt!“

Die Oligarchie fällt, genau wie die Aristokratie, unter **"die Herrschaft der Wenigen",** wobei diese jedoch ihrerseits im Vergleich zu der Oligarchie eine am "Gemeinwohl" ausgerichtete Herrschaftsvariante darstellt.

Auch wenn die meisten Menschen dies wohl lachend leugnen würden, so muss dennoch klar gesagt werden, dass beispielsweise Nationen wie **Russland und Amerika, sowie Deutschland** <u>problemlos</u> ebenfalls als Oligarchien bezeichnet werden können!

-Die Herrschaft des Volkes-
„Freiheit, Gleichheit, Brüderlichkeit"
Variable Herrschaftsvariante!

-Ochlokratie:

Demokratie und Ochlokratie stellen zwei
Seiten ein und derselben Medaille dar,
denn bei beiden geht die Macht jeweils
tendenziell vom Volke aus. Demokratie
und Ochlokratie haben somit ihre
Gemeinsamkeit, das sie für die
Herrschaft durch die Bevölkerung
als staatlicher Souverän stehen.

**Der Unterschied der beiden
Herrschaftsformen ist jedoch, das
die Demokratie im Gegensatz zu der
Ochlokratie eine Herrschaftsvariante mit
durchaus positiven Tendenzen darstellt,**
die Ochlokratie hingegen (altgriechisch
ὀχλοκρατία, aus ὄχλος óchlos,
Menschenmenge', ‚Masse', ‚Pöbel')
auch **Pöbelherrschaft** genannt, steht
wiederum ihrerseits für eine

Herrschaft der Mehrheit, beziehungs-
weise des **„Pöbels“.**

**Mit dem Wort "Pöbel" ist in diesem
Zusammenhang ein Mangel an Kultur,
Kultiviertheit, Intelligenz, Stil, Feingefühl
oder „Sinn für Höheres" gemeint!**

Die Ochlokratie ist die Regierung des
"unvernünftigen" Volkes.

**Die Herrschaft geht aus dem Volk hervor
und wird durch das Volk und in seinem
Interesse ausgeübt!**

-Timokratie (Politie),
der Geist der Brüderlichkeit:
Am Gemeinwohl orientierte
Herrschaftsvariante!

Bei der Timokratie denken bei einer
Entscheidung alle Bürger zugleich
auch an das Gemeinwohl ihrer
Mitmenschen. Sie stellt eine Unterform
der Aristokratie dar, welche wir bereits
zuvor schon thematisiert hatten.

Die Timokratie, auch Politie genannt,
ist die Regierung des **"vernünftigen"**
Volkes durch das Volk für das Volk.

Die Herrschaft geht aus dem Volk hervor
und wird durch das Volk und in seinem
Interesse ausgeübt!

-Demokratie-

Varianten:

Direkte Demokratie/
Indirekte Demokratie

Besonderheit:

Variable Herrschaftsvariante!

"Demokratie ist eine Gesellschaftsordnung, in welcher die staatlichen Entscheidungen stets so getroffen werden, dass die Interessen der mehrheitlichen Bevölkerung so gut wie möglich erfolgreich in die Tat umgesetzt werden!"

Sind in der tatsächlichen Realität außerhalb des Schauspiels der öffentlichen **"Mainstream-Medien"** dagegen die mehrheitlichen Bedürfnisse der Bürger nicht zufriedenstellend gelöst, <u>so kann man unmöglich davon ausgehen, sich tatsächlich in einer Demokratie zu befinden, sondern vielmehr in einer</u> **<u>Oligarchie bzw. Diktatur!</u>**

Unter der Kategorie der "schlechten" Herrschaftsformen zählt die Demokratie, zu der am erträglichsten mit potentiell guten Tendenzen. **Die Demokratie liegt genau in der Mitte zwischen der Timokratie (Politie) und der Ochlokratie,** je nach Ausrichtung des Volkes, ob **"positiv oder negativ"** wandelt sie sich entweder in die eine oder andere Richtung. Sie ist eine **"variable"** **Herrschaftsvariante** und hängt stark von der Verfassung der Bevölkerung ab!

Wenn die Demokratie es schon nicht schafft zu einer Timokratie (Politie) empor zu steigen, sollte dringend dazu geraten werden, zumindest nicht in den Zustand der Ochlokratie zu verfallen. Am besten sollte in solch einer prekären Lage ein Mittelweg gefunden werden, **dort ist die alltägliche Demokratie stets am besten aufgehoben.** Demokratische Systeme sind oftmals sehr anfällig für **Propaganda**, außerdem werden Kinder und Jugendliche **unter 18 Jahren** leider in den Entscheidungsprozessen nicht mit eingebunden!

Die Demokratie ist die Regierung des "normalen" Volkes durch das Volk für das Volk. Die Herrschaft geht aus dem Volk hervor und wird durch das Volk und in seinem Interesse ausgeübt.

Dadurch, dass die Macht von der Allgemeinheit ausgeübt wird, muss die **Meinungs- sowie Pressefreiheit** unbedingt Bestand haben, da sie als unerlässliche Grundpfeiler dienen. **Weitere relevante Kennzeichen einer Demokratie sind:**

- "Verfassung und Gesetze"
- "Freie Wahlen"
- Das "Mehrheitsprinzip"
- Der "Minderheitenschutz"
- Die Akzeptanz einer "politischen Opposition"
- Die "Gewaltenteilung"
- Der besondere Schutz der "Grund / Bürger sowie Menschenrechte!"

Gewaltenteilung

Die Verteilung der Staatsgewalt auf mehrere unterschiedliche Staatsorgane dient hauptsächlich dem Zwecke der Machtbegrenzung und der daraus resultierenden Sicherung der Freiheit und Gleichheit.

- **Legislative: Parlament-**
  "Gesetzgebende Gewalt"
- **Exekutive: Regierung-**
  "Ausführende Gewalt"
- **Judikative: Unabhängige Gerichte-**
  "Richterliche Gewalt"

Die Demokratie kann der Bevölkerung sowohl direkt (aktiv) als auch indirekt (passiv) angeboten werden.

-Direkte Demokratie:

Eine direkte Demokratie, wie beispielsweise in der **Schweiz,** wurde

insbesondere durch den Philosophen
Jean-Jacques Rousseau geprägt:
*"Die Macht sollte bei den regierten
selbst verborgen liegen."*

**„Die Regierenden wären somit
identisch mit den Regierten!"**

Das Volk ist bei der Variante der
direkten Demokratie mit Hilfe
sogenannter **Volksentscheide
(Mitbestimmungsrechte)** stets maßgeblich
an den politischen/gesellschaftlichen
Entscheidungen mitbeteiligt!

Aus den unterschiedlichsten Interessen
der einzelnen Bürger heraus kristallisiert
sich auf diese Art und Weise schließlich
"der Gemeinwille des Volkes".
Eine direkte Demokratie hat zudem noch
den positiven Nebeneffekt, das sie dazu
beitragen kann, das eigenständige
Befassen mit politischen, sowie
gesellschaftlichen Themen der einzelnen
Bürger, maßgeblich zu fördern!

-Indirekte/Parlamentarische/ /Repräsentative Demokratie:

In einer indirekten Demokratie treffen, anders als noch bei der direkten Demokratie, die sogenannten **"Abgeordneten"** alle politischen, sowie gesellschaftliche relevanten Entscheidungen **"im Namen des Volkes für das Volk".**

Am Wahltag können jedoch alle volljährigen Bürger durch ihre legitime **"Wahlberechtigung"** zumindest ein kleines Stück weit über die Verteilung der politischen Macht mitbestimmen, **da sie die Zusammensetzung des Parlaments, des Bundestags, der Landtage, sowie Kommunalparlamente durch ihre Wahlstimmen mitgestalten können!**

Bundeskanzler/in, sowie die Regierung selbst, werden jedoch **nicht** tatsächlich unmittelbar durch das Volk gewählt,

sondern von den jeweiligen
Abgeordneten im Parlament bestimmt.

Der Kanzler/in ist der jeweilige
Regierungschef/in, der Präsident
stellt wiederum das sogenannte
Staatsoberhaupt dar, "hat jedoch keinen
maßgeblichen unmittelbaren Einfluss auf
die tatsächlichen politische
Entscheidungen"!

„Die indirekte Demokratie entspricht der vorherrschenden westlichen Interpretation!“

Despotie/Tyrannis (Diktatur)
Egoistisch ambitionierte
"schlechte" Herrschaftsvariante!

Die Despotie oder der Despotismus ist eine Herrschaftsvariante, in welcher ein einziger Herrscher die uneingeschränkte Macht ausübt. **Heutzutage wird mit dem Begriff Despotie eine „schrankenlose Gewalt-, Willkürherrschaft" bezeichnet. (Despot = unumschränkt Herrschender, Gewaltherrscher oder abwertend für einen herrischen, tyrannischen Menschen).**

Die Despotie (Tyrannis) stellt eine negative Entartungsform der Monarchie dar. Markenzeichen dieser negativen Herrschaftsform ist die reine **Willkürherrschaft,** denn es entscheiden schließlich lediglich der Wille und die Willkür des jeweiligen Diktatoren über das Schicksal des Volkes, **daher ist die Despotie mit der totalitären Diktatur gleichzusetzen!**

Weil der Herrscher seine Macht in despotischer Weise ausübt und Machtbefugnisse missbraucht, wird dem Despotismus meist jegliche aktive Förderung des Gemeinwohls abgesprochen.

Die Despotie selbst begründet als <u>unlegitime</u> Herrschaftsform ein **"Widerstandsrecht des Volkes",** so wie es auch im Grundgesetz Deutschlands in Art. 20 Abs. 4 GG niedergeschrieben steht!

Offensichtliche Diktatur
Egoistisch ambitionierte Herrschaftsvariante!

Die Menschenrechtsorganisationen Freedom House listet in ihrem Bericht von 2013 **47 Länder**, wo es keinerlei politischen Rechte gibt und jegliche Freiheiten systematisch immer weiter eingeschränkt werden. Zu den schlimmsten Diktaturen zählt die Organisation neun Länder, welche die schlechtesten Bewertungen erhalten haben: „**Nordkorea, Turkmenistan, Usbekistan, Sudan, Äquatorialguinea, Eritrea, Saudi Arabien, Syrien und Somalia.**"

Andere Beispiele für Diktaturen:

Swasiland: Während die Bürger in tiefer Armut leben, kann der Diktator Mswati III. König von Eswatini stets aus dem Vollen schöpfen.

Der seit 1986 regierende Machthaber ist der letzte absolutistische Monarch Afrikas!

Ruanda: Wer in Ruanda gegen den bereits seit dem 22. April 2000 als Präsident und Staatschef herrschenden Diktator Paul Kagame kandidieren darf, bestimmt dieser ganz einfach mal selbst. **Seine aussichtsreichen Gegner sind entweder bereits tot oder zurückgezogen im Exil lebend!**

Weissrussland: Aljaksandr Ryhorawitsch Lukaschenka ist es gelungen mit nur wenigen Mitteln an die Macht zu kommen, Wahlen werden gezielt manipuliert, politische Gegner ausgeschaltet und gegen Demonstrationen wird mit harten Mitteln systematisch vorgegangen. **Lukaschenka entmachtete mit mehreren, im Allgemeinen als undemokratisch eingeschätzten Volksabstimmungen das**

Parlament. Er regiert das Land seitdem als faktischer Alleinherrscher. Von der Europäischen Union wird er seit der mutmaßlich gefälschten Präsidentschaftswahl 2020 und den darauf folgenden Massenprotesten, im Land nicht mehr als legitimes Staatsoberhaupt anerkannt!

Simbabwe: Gut durchdacht und ausgeführt hat es Emmerson Dambudzo Mnangagwa am 24. November 2017 mit Hilfe des Militärs in Simbabwe geschafft, Robert Mugabe als neuer Diktator nachzufolgen. **Davon profitieren nun vor allem die korrupten und brutalen Kräfte im Land. Geschätzte 90 Prozent der Bevölkerung haben keine Arbeit, in vielen Regionen hungern die Menschen, Millionen sind bereits in die Nachbarländer geflohen!**

(D)eutsche (D)emokratische (R)epublik

Existenzzeitraum:
7. Oktober 1949 - 3. Oktober 1990

Staats und Regierungsform:
Realsozialistische Republik mit einer ausgeprägten **"Einparteiendiktatur"**!

Staatsoberhaupt:
Präsident der DDR
Wilhelm Pieck
(SED, 1949–1960)

Vorsitzender des Staatsrates:
Walter Ulbricht (SED, 1960–1973)
Willi Stoph (SED, 1973–1976)
Erich Honecker (SED, 1976–1989)
Egon Krenz (SED, 1989)
Manfred Gerlach (LDPD, 1989–1990)

Präsidentin der Volkskammer:
Sabine Bergmann-Pohl (CDU, 1990)

Ministerpräsident der DDR:
Otto Grotewohl (SED, 1949–1964)

Vorsitzender des Ministerrates:
Willi Stoph (SED, 1964–1973)
Horst Sindermann (SED, 1973–1976)
Willi Stoph (SED, 1976–1989)
Hans Modrow (SED/PDS, 1989–1990)

Einwohnerzahl (stand von 1988):
16,7 Millionen Menschen

Die DDR war, ihrem Selbstverständnis nach, ein "sozialistischer Staat", dadurch das die Regierungsform jedoch durch die Herrschaft von nur einer einzigen Partei **(der so genannten Staatspartei)** geprägt wurde, spricht man hierbei auch von einer **"Einparteiendiktatur"!**

Die damaligen Machthaber nannten ihre DDR selbst **einen „sozialistischen Staat der Arbeiter und Bauern"** und behaupteten, <u>der DDR wäre es gelungen, die Ursprünge für Krieg und Faschismus endgültig beseitigt zu haben.</u>
Das politische System der DDR war eine "Diktatur" ohne eine existierende Gewaltenteilung!

51

Die politische Macht war daher nicht auf unterschiedliche Träger verteilt! Stattdessen ging sie für den gesamten Zeitraum ihrer Existenz von dem unkontrolliert herrschenden Führungs- und Herrschaftszentrum der DDR aus, **"dem Politbüro des Zentralkomitees"** der Sozialistischen Einheitspartei Deutschlands (SED), welche ihrerseits (durch Artikel 1 der Verfassung der DDR) einen Alleinführungsanspruch für alle Bereiche der DDR erhob!

Verborgene Diktatur
Egoistisch ambitionierte
"manipulative" Herrschaftsvariante!

Beispiel:

Die **B**undes**R**epublik **D**eutschland

Staats und Regierungsform:

Verborgene Diktatur / Oligarchie

Staatsoberhaupt:

Angela Dorothea Merkel
(geb. Kasner)
**(Bundeskanzlerin der
Bundesrepublik Deutschland
seit dem 22. November 2005)**

Wir sollten niemals aus den Augen
verlieren, das der Weg zur Diktatur mit
der Zerstörung der Wahrheit beginnt!
Die Geschichte zeigt, das Diktaturen
nicht aus starken und ehrlichen
Regierungen entstehen, sondern aus
Schwachen und Hilflosen, welche um
ihre Macht zu erhalten, ohne zu zögern,
alle erforderlichen Mittel, wie **Lug und**

Trug, Erpressung, Manipulation und Täuschungen einsetzt und zu Not auch über Leichen gehen!

„Die perfekteste aller Diktaturen wird den Anschein einer Demokratie machen. Ein allumfassendes Gefängnis konstruiert mit oftmals unüberwindbaren geistigen Mauern, indem die Insassen nicht einmal im Traum daran denken würden, daraus auszubrechen. Es ist ein vollkommenes und absolut perverses System der schier grenzenlosen Sklaverei, bei dem die Sklaven dank Brot und Spiele, Schritt für Schritt ihre Liebe zur eigenen Versklavung entwickeln!"

„Wer es versteht die Massen erfolgreich zu täuschen, wird problemlos ihr Herr. Jeder der versucht sie aufzuklären, unausweichlich ihr Opfer!"

Die wichtigsten Machtstrukturen unserer Gesellschaft sind der "normalen" breiten Masse der Bevölkerung schon überhaupt nicht mehr zugänglich, die Regierung möchte noch nicht mal, dass ihre Bürger überhaupt Kenntnisse über deren Existenz haben. **Diese Strukturen der Macht sind stets vor uns abgeschirmt, undemokratisch eingeführt worden und sind heutzutage wohl durch keinen "normalen" legalen Prozess mehr durch uns rückgängig zu machen!** Alle Fäden der Macht sollen für die Öffentlichkeit unsichtbar sein und es auch bleiben!

"Manchmal wollen die Menschen die Wahrheit nicht hören, denn es würde ihre ganze Illusion zerstören."
-Friedrich Nietzsche

Es ist ein gewaltiges Verbrechen, welches gegen die Menschheit begangen wird. Wir wurden durch ständige **Lügen und zahlreichen Täuschungen aufgespalten, versklavt, verblödet, verblendet und in zahlreichen Kriegen für die Bereicherung weniger gegeneinander aufgehetzt!**

Wir Menschen werden ohne, dass es uns bewusst wäre, so simpel und dumm wie möglich erzogen, so dass wir uns über die Wahrheit lustig machen und stattdessen weiterhin den bequemen Lüge folgen.

Die bekanntesten Mainstream-Medien wurden im Laufe der Zeit zum größten und zeitgleich auch erfolgreichsten Werkzeug gegen das eigene Volk!
Wie das Schwein, welches hinein in die Gefangenschaft geboren wurde, nicht begreifen kann, was tatsächliche Freiheit bedeutet, so kann auch die Menschheit, die inmitten lauter zahlreicher Lügen ihr Dasein fristet, nicht erkennen, was Wahrheit ist!

"Das Auge sieht nur, was der Geist bereit ist zu verstehen."
-Henri Louis Bergson

„Politische Pläne werden nicht erst
aufgrund von Krisen entwickelt, die
Krisen werden vielmehr künstlich
geschaffen, um besagte politische
Pläne erfolgreich durchzusetzen!"

Stellen Sie sich doch bitte einmal vor,
Sie wären Bundeskanzler/in von
Deutschland und verfolgten den finsteren
Plan die Grundrechte Ihres eigenen
Volkes über die Jahre Ihrer Regentschaft
Stück für Stück immer weiter
einzuschränken und gegebenenfalls ganz
auszuhebeln, um schließlich eine
moderne, möglichst unauffällige, Form
einer neuzeitlichen Diktatur zu
etablieren, welche von dem Hauptteil
Ihrer Bürger jedoch überhaupt nicht als
solche wahrgenommen wird.

Wie würden Sie dabei vorgehen?

Ich für meinen Teil würde mir vermutlich zunächst einmal eine Liste erstellen mit **potentiellen Gefahren,** <u>welche wirksam genug sind, um mit deren Hilfe den Hauptteil der Bevölkerung in einen möglichst konstanten Zustand von Angst und Schrecken zu versetzen.</u>

Möglichst bedrohlich wirkende, aber auch zeitgleich simpel zu inszenierende Gefahren, wie beispielsweise die Angst vor **terroristischen Anschlägen, die Angst vor einer menschengemachten Klimakatastrophe oder die Angst vor unbekannten neuartigen Killerviren!**

Erste Phase der
verborgenen Diktatur
(Macht durch Angst!)

*"Eines der wichtigsten Instrumente der Machtausübung ist die regelmäßige systematische Erzeugung von **Angst!**"*
-Rainer Mausfeld

Angst ist wie ein gutes Schweizer Taschenmesser, ein hervorragendes Werkzeug der Herrschenden mit vielseitigen nützlichen Einsetzungsmöglichkeiten.

Angst kann beispielsweise prima dazu genutzt werden, <u>um selbst ansonsten recht rational denkende Menschen, schlagartig davon zu überzeugen, dass der Staat im Austausch ihrer eigenen menschlichen Freiheiten und Rechte für wesentlich mehr Schutz und Sicherheit sorgen könnte.</u>

*Doch: "Wer die Freiheit aufgibt, um
Sicherheit zu gewinnen, der wird am
Ende beides verlieren!"
-Benjamin Franklin*

Zeitgleich kann Angst aber auch dafür
genutzt werden, <u>um einen gigantischen
Vorhang der Abschirmung zu erzeugen,
welcher so lange aufrechterhalten wird,
bis die eigentlichen Geschehnisse
hinter diesem künstlichen Vorhang der
Angst bereits längst abgeschlossen
wurden.</u>

„Es sind meist Lügen solch gewaltigen
Ausmaßes, das es kaum einer vermag die
Wahrheit hinter der Lüge zu verkraften!"

Zweite Phase der
verborgenen Diktatur
(Mainstream-Medien / Social-Media)

Gib ihnen am Morgen eine Lügenzeitung und zeige ihnen jeden Abend aufs neue ganz bewusst zielgerichtete, manipulierte Nachrichten und lauter bunte stumpfsinnige Verblödungsshows, sowie zahlreiche amerikanische Filme, Serien und Tonnen von Werbung für Müll im allseits beliebten Flimmerkasten.

Heutzutage bekommt stellenweise ein 8 jähriges Mädchen / Junge bereits von ihren Eltern ein Smartphone in die Hand gedrückt und ist somit in einer sehr sensiblen und entscheidenden Entwicklungsphase des kindlichen Gehirnes, bereits einer permanenten, sowie kaum kontrollierbaren gefährlichen Programmierung von außen ausgeliefert.

Wer sich die von sexuellen Anspielungen und Gewalt trotzenden

Musikvideos, Filme und Serien unserer Zeit einmal genauer angeschaut hat, oder sich generell auch nur ein wenig mit dem Content von **YouTube, Facebook, TikTok, Instagram und Co** beschäftigt, dem sollte relativ schnell und einfach klar werden, warum sich unsere ach so "moderne" Gesellschaft so drastisch in die **negative** Richtung entwickelt hat.

Alle wollen sie individuell sein und eine starke selbstbewusste Persönlichkeit darstellen, doch letztendlich entstehen nur lauter **Kopien von Kopien von Kopien!**

**„Ständig irgendwelche neuen Trends.
Ständig irgendwelche neuen Stars.
Immer mehr Druck, mitzuhalten.
Immer mehr Druck, Stand zu halten."**

- **Sex**
- **Geld**
- **Macht**
- **Status**
- **Anerkennung**
- **Ruhm**

Alles wiederholt sich stetig, es geht
permanent ununterbrochen immer nur
um den gleichen stumpfsinnigen,
stupiden Nonsens. Doch die Menschen,
ja die Menschen, sie bekommen einfach
nie genug davon. Sie dürsten danach.
Sie lechzen danach.

**„Stetig aufs Neue angeschürt, von der
unglaublichen digitalen YouTube bzw.
Facebook Macht, sowie der
Film/Serienindustrie / Werbung und
Musikbranche!"**

**Lauter kleiner programmierter
„Smartphone *Smombies";**
gefangen in ihrem eigenen digitalen
Selbst. ***Smombie** ist ein Kofferwort
aus den Begriffen **„Smartphone" und
„Zombie".** Damit sind Menschen
gemeint, die durch den ständigen Blick
auf ihr Smartphone so stark abgelenkt
sind, dass sie ihre Umgebung kaum
noch richtig wahrnehmen!

Dritte Phase der
verborgenen Diktatur
(Terrorismus)

9/11, aufgrund der extremen globalen medialen Ausschlachtung des damaligen Ereignisses, war plötzlich die Angst vor Terrorismus und die Sehnsucht nach neuem Schutz und Sicherheit stärker in den Köpfen der weltweiten Bevölkerung verankert als jemals zuvor.

„Die Saat der Angst war erfolgreich in den Köpfen der meisten Menschen eingepflanzt worden!"

9/11 wurde buchstäblich zu einem gedanklichen Grundbaustein der Angst durch den sogenannten "Terrorismus"!

Ein solider Grundbaustein, auf dem viele Herrscher dieser Welt und insbesondere natürlich auch unsere eigene Führungsebene der Bundesregierung, schließlich immer weiter konsequent

aufbauten. **Terrorismus** ist ein sehr guter
Einstieg für ein stets den jeweiligen
politischen Zielen angepasstes Konzept
der **"Macht durch Angst"**!

Es mag zwar zunächst etwas seltsam und
befremdlich klingen, doch der Terror
dieser Welt und auch der Terror
innerhalb Deutschlands, ist oftmals ganz
bewusst gewollt, inszeniert oder sogar
mutwillig in die Wege geleitet worden.
Der Terror existiert oftmals mehr in den
Köpfen der Menschen als in der Welt
selbst!

Bedenke:

Nur innerhalb einer **Diktatur** bedarf
es einer allumfassenden Überwachung
durch den Staat!

Vierte Phase der verborgenen Diktatur
(Klimakatastrophe)

Nach bereits ein bis zwei Jahrzehnten könnte es sehr gut möglich sein, das die **"Terrorismus Masche"** nicht mehr die gewünschten Ergebnisse liefert oder sich ihre neuen persönlichen politischen Ziele nicht mehr mit "dem Vorwand des Schutzes vor Terrorismus" rechtfertigen und durchsetzen lassen können, **eine neue Krise muss also geschaffen werden!**

Es ist zwar eine gewagte, aber gleichzeitig auch elegante Lösung unseren Heimatplaneten Erde, samt **"menschengemachten Klimawandel",** als neuen **"Vorwand"** hervorzubringen, welcher den **"Terrorismus"** vorläufig erstmal ablöst, um nun unter dem Deckmantel eines **"erneuerten frischen Alibis"** neue Einschränkungen, sowie Steuern **"zum Wohle unseres Planeten"** einzuführen!

Gewagt ist diese Idee deshalb, weil die breite Masse der Bevölkerung sich zwar durchaus mit dem Gedanken anfreunden kann **"Freiheiten zum Schutz vor Terrorismus"** einzutauschen, aber kaum einer sich tatsächlich für **"Klima und Umwelt"** unseres Planeten interessiert!

Die "Klimakatastrophe" ist deshalb stets nur fein dosiert und wohlbedacht einzusetzen und dient zur Überbrückung, sowie zur Umsetzung kleinerer, sowie speziellere politischer Zwischenschritte!

Fünfte Phase der
verborgenen Diktatur
-Killerviren-

Wie schafft man es möglichst effektiv
<u>die totale Überwachung, den Entzug von
Freiheitsrechten, Zwangsimpfungen,
Bargeldabschaffung, Reiseverbote,
Versammlungsverbote, Hausarreste und
den globalen Shutdown der gesamten
Weltwirtschaft zu rechtfertigen</u>?

Ganz einfach:
**„Indem man aus einem ansonsten recht
"gewöhnlichen" Virus etwas Gewaltiges
und verdammt Gefährliches macht!!!"**

Endspiel COVID-19

Bekanntes grippeähnliches Virus wird
unter dem Namen COVID-19 der
breiten Masse der Bevölkerung als
neuartiges Killervirus dargestellt.

Phase 1
*Schließung von Krankenhäusern,
sowie allgemeine Reduzierung der
Intensivbetten!*

Deutschlandweit werden still und leise
Krankenhäuser geschlossen und kaum
jemand nimmt davon Notiz. Mitten in
der Pandemie werden unglaubliche
Kapazitäten abgebaut!

**„Allein im Jahr 2020, wurden bereits 21
Kliniken deutschlandweit vom Netz
genommen. Von 30 weiteren
Krankenhäusern ist bekannt, dass ihnen
die baldige Schließung droht oder ihr
Aus schon besiegelte Sache sei!"**

Das Kliniksterben ist bereits seit Jahren
politisch gewollt und wird von
sogenannten Gesundheitsökonomen,
sowie ihren unzähligen Gutachtern
aufdringlich empfohlen.

**1991 gab es in Deutschland noch
über 2400 Kliniken, 2018 waren es
1925, zwölf Monate später bereits**

nur noch 1914 Krankenhäuser
in ganz Deutschland!

**Noch Ende Februar des vergangenen
Jahres 2020** hatte Bundesgesundheits-
minister **Jens Spahn (CDU)** zu mehr
Mut bei Krankenhausschließungen
geraten! Der Bundestagsabgeordnete
Karl Lauterbach (SPD) hielt 2019 einen
Abbau der Kapazitäten grundsätzlich für
gut und richtig!

**„Es scheint ganz so, als wolle man die
Auslastung unseres Gesundheitssystems
bewusst und kalkuliert herbeiführen!
Allein im zweiten Halbjahr des Jahres
2020 sind bereits über 4000 Intensivbetten aus der Statistik spurlos
verschwunden!"**

„Die Kapazität verfügbarer Intensivbetten
sank in dem Zeitraum zwischen 24. Juli
und dem 7. November von 32.994 auf
28.345, damit sank die Kapazität der
Intensivbetten insgesamt um 4649
Betten, was immerhin einem Wert von
fast 15% entspricht!"

Mehrfachzählungen im Intensivregister!
Verlegungen von Patienten innerhalb
ein und desselben Klinikums werden
statistisch betrachtet wie eine
"Neuaufnahme" gewertet!

Phase 2
Gekaufte "Wissenschaftler/Politiker":
*(Drosten, Spahn, Söder,
Lauterbach, Wieler)*

Die Zeugen Coronas

Es kann nicht schaden ein paar
wissenschaftliche, sowie politische
Galionsfiguren zu erwählen, welche sich
hauptsächlich damit befassen sollten, sich
der breiten Öffentlichkeit des Volkes
**(transportiert durch die öffentlichen
Mainstream-Medien)** als **"über alle
Zweifel erhaben"** darzustellen.

Besonders gut geeignet hierfür wären
beispielsweise Personenkreise, welche
eine öffentliche Bühne suchen, sich selbst
gerne reden hören, restlos käuflich sind
und keinerlei tatsächlichen Prinzipien
mehr besitzen.

Wichtig ist nur, dass sie halbwegs dazu imstande sind sich das Vertrauen der mehrheitlichen Bevölkerung zu erschleichen. Es wäre ratsam die Anzahl dieser Individuen auf ein Minimum zu reduzieren **(5-7 Personen)** und darauf zu achten, das sich nach außen hin wirkend von ihrer Art des Auftretens her voneinander unterscheiden!

Es muss ein möglichst großes Spektrum unterschiedlichster Menschen angesprochen werden, das Ziel jedoch sollte bei allen das selbige sein, **Angst und Schrecken in Propagandaform zu verbreiten!** Die Art der Umsetzung darf und sollte hierbei jedoch individuell gestaltet werden.

Phase 3
PCR-Test/Schnelltest/Selbsttest:
(Die Polymerase-Kettenreaktion)

Diese bewusst für dieses spezielle Szenario ausgewählte Test-Methode **ist so dermaßen überempfindlich konstruiert, dass sie selbst ein einzelnes**

<u>Erbmolekül eines **Virus** problemlos
nachweisen kann!</u>

Sollte nun ein solches Molekül einmal
Beispielsweise einer Pflegekraft einen
Tag lang über die Nasenschleimhaut
huschen, ohne dass sie es selbst
überhaupt bemerkt, **ist sie für den PCR-
Test dennoch plötzlich positiv (Falsch-
Positiv)!**

> <u>**Der PCR-Test**</u> <u>ist dazu in der Lage eine
> sehr kleine Menge an Rückständen von
> fast allem so sehr zu verstärken, das es
> plötzlich als messbar und somit positiv
> getestet erscheint!</u>

**So entstehen Covid-Positiv getestete
Menschen,** welche eigentlich kerngesund
sind! <u>Genau so lassen sich die stetigen
Steigerungen der Fallzahlen erklären!</u>

Phase 4
Zwangstests (Schule, Arbeit, Geschäfte)

Wir haben in Deutschland ungefähr
<u>**32.300 Schulen**</u>, wenn wir nun mit den
aufgezwungenen **„Schnelltests"** jeden Tag

pro Schule jeweils nur einen einzigen positiv getesteten Schüler/Lehrer vorfinden, **haben wir allein schon bereits durch diese schulischen Einrichtungen mehr als 160.000 positiv gewertete Neufälle pro Woche!**

Phase 5
Inzidenzwert

Der Inzidenzwert gibt an, wieviele Menschen in sieben Tagen auf 100.000 Einwohner positiv getestet wurden.

Eine Inzidenz von 100 bedeutet beispielsweise, das der **PCR-Test** von **0,1% der Bevölkerung** ein positives Ergebnis ergeben hat, <u>dabei spielt es jedoch nicht mal eine Rolle, ob die jeweils getesteten Personen tatsächlich Symptome haben, ob es ein falsch-positives Ergebnis ist ,oder ob sie überhaupt wirklich krank sind!</u> **Der politisch bestimmte** und vorgegebene Inzidenzwert <u>eignet sich äußerst</u>

hervorragend dazu um kleine Zahlen riesig wirken zu lassen! **Ein sehr machtvolles Werkzeug der Manipulation.**

Vor 0,05% hätte keiner wirklich Angst. Bei der Inzidenzzahl von 50 sieht es schon anders aus. Selbst mit einem Wert von **0,1%** kann man kaum Panik verbreiten, **eine Inzidenzzahl von 100 klingt da bereits schon wieder ganz anders!** Beide Werte bedeuten jedoch ein und dasselbe! Wenn also 99,9% der Bevölkerung nicht betroffen sind, haben wir eine Inzidenz von 100, und alles wird dicht gemacht!

Durch die vielen Selbsttests von eigentlich kerngesunden Menschen werden Tag für Tag mehr und mehr positive Ergebnisse künstlich erzeugt, das erleben wir gerade, **obwohl sich das sogenannte Infektionsgeschehen nicht verändert, steigt der Inzidenzwert dennoch weiterhin an!** **Wenn wir diesen Umstand** nun beispielsweise auf den eigenen Heimatort

projizieren, wird schnell noch klarer, was
der Inzidenzwert tatsächlich bedeutet:
*In Städten und Gemeinden mit 8.000 -
10.000 Einwohnern, wie zum Beispiel
Beeskow oder Erkner, braucht man für
einen Inzidenzwert von 35 bis 45
lediglich jeden zweiten Tag einen
positiven Test, bei zwei Positiven steigt
die Inzidenz bereits auf 140 bis 180!*

Phase 6
Mutationen/Doppelmutationen

Das Element der Angst ist zwar durchaus
ein sehr mächtiges, sowie vielseitig
einsetzbares nützliches Werkzeug,
gleichzeitig aber auch nicht von langer
Dauer und somit durchaus etwas
pflegebedürftig. **Auch wenn der
durchschnittliche Mensch bereits schnell
und einfach zu ängstigen ist, so stumpft er
auch gleichermaßen schnell wieder ab!**
Die Angst muss also ständig wieder neu
entfacht oder aufgefrischt werden und um
einer eventuellen Abstumpfung der

Bevölkerung entgegenzuwirken <u>leichten Variationen</u> unterliegen.

„Aus COVID-19 wird dann ganz einfach mal die schlimmere Mutation B.1.1.7 (die britische Variante), bzw. B.1.351 (die südafrikanische Variante), bzw. B.1.1.28 P.1 (die brasilianische Variante), bzw. B.1.429 (die kalifornische Variante) oder gar die noch viel viel schlimmere Doppelmutation B.1.617 (die Indische Variante) gemacht!"

Neuer Name, neue Wirkung und das <u>obwohl doch im allgemeinen bekannt sein sollte, das es eine der grundlegendsten Eigenschaften von Viren ist, sich ständig zu verändern und anzupassen (Mutation) und das dies nicht zwangsläufig automatisch zu bedeuten hat, das diese neuen Variationen des ursprünglichen Virus auch tatsächlich viel gefährlicher seien als die vorherigen!</u>

Das Robert Koch-Institut (RKI) meldet, dass im vergangenen Jahr (2020) mehr als 30.000 Menschen über 80 Jahre Opfer des COVID-19 Virus geworden sind, dies erzeugt den Eindruck, das in Deutschland 2020 eine sogenannte Übersterblichkeit festzustellen war und die registrierten COVID-19 Sterbefälle einen maßgeblichen Anteil daran haben.

Doch ist der Anteil der über 80 Jährigen derzeit diejenige Altersgruppe innerhalb Deutschlands, welche am Schnellsten wächst! Gleichzeitig sind sie auch die Gruppe mit dem höchsten Sterberisiko!

Ungefähr jeder zehnte Mensch, welcher das 80. Lebensjahr erreicht hat, verstirbt innerhalb im Laufe eines Jahres! Im Verhältnis zu ihrer wachsenden Anzahl sind 2020 knapp 6.000 Menschen dieses Alters weniger verstorben als im

Durchschnitt der fünf vorangegangenen
Jahre!

Es besteht somit der Verdacht, dass
eine erhebliche Zahl der vermeintlichen
COVID-19 Opfer nicht tatsächlich an,
sondern lediglich begleitend mit dem
Virus im Organismus verstorben sind
und dass der PCR-Test, wie bereits
vielfach erkannt, in nicht geringem Maße
falsch-positive Testergebnisse liefert!

Wächst die Gruppe der über 80-Jährigen
also zwischen 2019 und 2020 um knapp
300.000 an, dann versterben 2020
statistisch gesehen in dieser Gruppe
30.000 mehr Menschen als noch im
Vorjahr **<u>ganz ohne das dafür eine
besondere Krankheit der Auslöser
gewesen sein muss!</u>**

Erstens gab es 2020 im Vergleich zum
Durchschnitt der Jahre 2015 bis 2019
überhaupt keine Übersterblichkeit,
ironischerweise kann man sogar eine

Untersterblichkeit von ungefähr 3.000
Menschen feststellen!

Zweitens erscheinen die offiziell
gemeldeten 30.000 COVID-19
Todesfälle in der Altersgruppe der
über 80-Jährigen vollkommen
unplausibel, da insbesondere hier
im Vergleich zum Durchschnitt der
Jahre 2015-2019 ungefähr 6.000
Menschen weniger verstorben sind!

Es ist kein Geheimnis, dass jeder in
Deutschland Verstorbene, bei welchem
zuvor ein PCR-Test positiv ausgefallen ist,
auch als "COVID-19 Toter" in die
Erfassung des Robert Koch-Instituts
eingeht.

Ein Großteil der Menschen, bei denen
COVID-19 festgestellt wurde, ist in
Wahrheit überhaupt nicht **"an" sondern
lediglich "mit"** der Krankheit verstorben!
Deutschland ist dabei kein Einzelfall,
auch in den anderen europäischen
Ländern liegt die Anzahl der offiziell

angegebenen COVID-19 Sterbefälle
stellenweise um das Vielfache über
der Übersterblichkeit!

Phase 8
Medizinische Maskenpflicht

Eine FFP2/OP-Maskenpflicht
einzuführen hat gleich mehrere effektive
Vorteile, zum einen lässt sich damit
ordentlich Geld verdienen, zum anderen
sorgen sie unbemerkt für mehrere
unbewusste psychologische Effekte.

Wenn Sie als normaler Bürger während
einer künstlich inszenierten Epidemie
Ihre Wohnung oder Haus verlassen und
die Welt da draußen immer noch
genauso vorfinden wie eh und je, fällt es
Ihnen sicherlich auf Dauer schwer, das
durch die Medien Vermittelte auch
tatsächlich zu glauben.

**Wenn der Anblick der Realität nicht
halbwegs überzeugend mit der
angeblichen Krise übereinstimmen**

wirkt, können Sie als Herrscher Ihre
Pläne also gleich wieder vergessen!

Zudem sorgen die Masken, bei der
bereits eh schon verunsicherten
Bevölkerung, in der Öffentlichkeit dafür,
das viel weniger Menschen miteinander
und untereinander vernünftig
kommunizieren wollen oder können!

**„Lassen Sie die Maske also zu einem
unverkennbaren Symbol dieser Krise
empor steigen, auf das alle, welche es
nicht "mit stolz geschwellter Brust" tragen,
von der Gesellschaft angefeindet und
geächtet werden!"**

Phase 9
Denunziation Andersdenkender

**"Die Verteidiger der Freiheit werden
immer nur geächtet sein, solange eine
Horde von Schurken regiert!"**
-Maximilien de Robespierre

1967 verteilte die CIA eine geheime
Handreichung zur Diskreditierung von
allen allzu kritischen Zweiflern
(Freidenkern), welche die offiziellen
Versionen der Regierung anzweifelten.

Ausgerechnet der "1. April" ziert als
Datum das CIA-Dokument 1035-960,
in welchem die CIA 1967 den Begriff
**-Conspiracy Theory-
"Verschwörungstheorie" /
"Verschwörungstheoretiker" einführte!**

Die CIA reagierte damit zunächst
effektiv auf das verbreitete Zweifeln über
die offizielle Darstellung des berüchtigten
Kennedy-Attentats.

Nach Präsentation des Warren-Reports,
der maßgeblich von CIA-Mastermind
Allen Dulles geprägt war, erschien eine
Welle von Büchern, die bei damals ca.
46% aller US-Bürger starke Zweifel an
der offiziellen Mainstream Version
darlegten!

„Der bis dahin stets neutral bewertete Begriff „Verschwörungstheorie" wurde von der CIA gewollt zu einem sehr nützlichen Kampfbegriff der psychologischen Kriegsführung ummoduliert!"

So wurden aus den ursprünglich seriösen, kritischen und für den Staat durchaus gefährlichen Freidenkern, im Laufe der Zeit ungefährliche, zahnlose **Verschwörungsspinner mit Aluhut** gemacht!

Der Grund, weshalb Personen zum Schweigen gebracht werden, ist jedoch nur selten, weil sie tatsächlich lügen, sondern vielmehr, weil sie es gewagt haben, in einer Welt gefüllt mit Lügen, die Wahrheit ausgesprochen zu haben! Wenn normale Menschen Lügen verbreiten, können ihre eigenen Lügen in den meisten aller Fällen früher oder später gegen sie selbst gewandt werden, doch wenn sie tatsächlich die Wahrheit sprechen, gibt es für die Herrschenden

oftmals kein anderes erfolgreiches
Gegenmittel als körperliche,
sowie psychische Gewalt gegen
sie anzuwenden!

**„Wenn man eine große Lüge nur
oft genug erzählt und sie ständig
wiederholt, dann werden die meisten der
Menschen sie am Ende auch tatsächlich
glauben, solange es dem Staat lange
genug gelingt, die breite Masse von den
wirtschaftlichen, politischen und
militärischen Konsequenzen ihrer Lüge
abzulenken!"**

Deshalb ist es für den Staat und der
herrschenden Elite auch stets so
besonders wichtig ihre Macht zur
Unterdrückung abweichender
Mainstream-Meinungen einzusetzen.

**„Die Wahrheit ist der geborene
Todfeind der Lüge und daher auch
stets der größte aller Feinde eines
korrupten Staates!"**

Kein Wunder also, das die Herrschenden stets versuchen einen ausgesprochen guten Kontakt zu den paar wenigen Familien dieser Welt zu pflegen, welche die öffentlichen Mainstream-Medien effektiv unter sich aufgeteilt haben. **Gemeinsam im Verbund sorgen sie wie ein gewaltiges Hypnose-Monster beständig für den dauerhaft anhaltenden Dämmerschlaf der breiten Bevölkerung!**

Phase 10
Faktenchecker

Insbesondere durch Social-Media Plattformen, wie beispielsweise Facebook und Co, hat die Bevölkerung ein viel zu effektives Mittel zum Austausch von Informationen erhalten. Dieses gilt es nun besonders gut zu überwachen, zu kontrollieren und maßgeblich zu zensieren. **Sogenannte „Faktenchecker"** können einem hierbei das Leben als Herrscher unglaublich erleichtern.

Internetartikel, welche von ihnen als zu kritisch, bzw. als zu ehrlich empfunden werden und somit als potentielle Gefahr für ihre diktatorischen Pläne eingestuft werden müssen, können durch die Überprüfung eines Unternehmens, welches sich selbst als **"Faktenchecker"** betitelt, als Falschmeldung deklariert und für alle Augen auch als solche erkenntlich „**gebrandmarkt**" werden!

Bevölkerungsschichten, welche sich sowieso stets nur sporadisch mit System, sowie gesellschaftsrelevanten Themen auseinandersetzen, werden diesen Unternehmen Glauben schenken und die nun als "Fake" gekennzeichnet Bciträge ihrer Mitmenschen auch als solche wahrnehmen und schlussendlich ignorieren!

Phase 11
Das Infektionsschutzgesetz
(Bevölkerungsschutzgesetz)

**„Ein Gesetz zum Schutz der Bevölkerung
bei einer epidemischen Lage von
nationaler Tragweite."**

Dadurch, dass sie aufgrund der zuvor
konsequent getroffenen Maßnahmen die
Bevölkerung mehrheitlich davon
überzeugen konnten, das wir uns in einer
absoluten Ausnahmesituation befinden,
ist es nun an der Zeit, Mithilfe des
„Infektionsschutzgesetzes" das
„Grundgesetz" nach Ihrem eigenen
persönlichen ermessen zu übergehen
<u>und die essentiellen Grundrechte Ihrer
Bürger als nichtig zu erklären!</u>

**„Sollten Sie nun eventuell auch noch
vorhaben Ihre eigenen Minister-
präsidenten zu "entmachten", wäre
dies sicherlich der geeignetste
Zeitpunkt für dieses Unterfangen!"**

<u>Nun müssen Sie</u> <u>eigentlich nur noch
dafür Sorge tragen, das der Zustand
einer epidemischen Lage von nationaler
Tragweite so lange wie möglich aufrecht</u>

erhalten bleibt, damit die Gültigkeit des
Infektionsschutzgesetzes nicht verloren
geht! **Dafür nutzen Sie einfach wieder
den bereits zuvor schon erklärten Trick
mit dem Inzidenzwert.**

Phase 12

Das Lastenausgleichsgesetz

**Wenn Sie dies zusätzlich wünschen
sollten,** wird es im Laufe Ihrer
inszenierten **"Viren-Krise",** schleichend
zu einer gewaltigen Umverteilung an
Kapital im großen Stil kommen,
**natürlich alles aus reiner "Solidarität", um
die gesellschaftlichen, wirtschaftlichen
Schäden zu reduzieren! ;)**

Verkünden Sie am besten einfach sowas
wie: *„Das Deutschland ohne diese
überlebenswichtige Maßnahme ansonsten
mit einem gewaltigen neuen
Schuldenberg hinein in die Zukunft
unserer Kinder schreitet, und weil noch
große und wichtige Aufgaben auf uns
warten, wofür einiges an frischem Geld*

89

von Nöten sein wird, nun die Zeit des persönlichen Verzichtes gekommen sei."

Nach dem Ende des zweiten Weltkriegs gab es 1952 beispielsweise bereits schon einmal solch einen Lastenausgleich. **Konkret wurden damalig alle privaten Vermögen über 5000 D-Mark mit einer Abgabe in Höhe von 50 % belastet, die Zahlungen durften allerdings bis zu 30 Jahre lang gestreckt werden. Durch diese "Zwangsabgaben" der breiten "Mittelschicht" kamen am Ende mehr als 150 Milliarden D-Mark zusammen!**

Durch die herrschende Angst vor einer Ansteckung des herrschenden **"Killervirus"** und der Wirksamkeit des **"Infektionsschutzgesetzes",** können Sie nun mit Ihren Bürgern verfahren wie auch immer Sie es für angemessen halten, <u>ohne dass Sie sich dem Vorwurf ausgesetzt sehen müssten, Sie würden irgendwelche persönlichen Grundrechte einschränken oder verfassungswidrig handeln!</u>

„Am Ende wird die breite Masse gar
davon überzeugt sein, dass am Kollaps
der Wirtschaft und der Vernichtung von
Vermögen, sowie Existenzen weder die
jahrelange Schuldenpolitik, noch die
Unfähigkeit der Verantwortlichen Schuld
sein kann, sondern dass es einzig und
allein das mysteriöse COVID-19 Virus
war, welches alles ruiniert hat!“

Die meisten Menschen werden so froh
darüber sein, diese, ach so fürchterliche
gefährliche Krise, irgendwie überwunden
zu haben, das sie beispielsweise **eine
Währungsreform**, ebenso wie den
Verlust ihrer persönlichen Vermögen,
der Freiheit durch Bargeld und den
Verlust ihrer freiheitlichen Rechte, im
Großen und Ganzen brav schlucken
werden.

„Die gesellschaftlichen Verhältnisse
werden sich jedoch grundlegend
gewandelt haben!“

Notstände werden zukünftig
immer mehr erweitert werden,
<u>**Gefahrensituationen werden extra
künstlich in die Länge gezogen,**</u>
die Herrschenden werden sich
schnell an diese neue Macht
(ähnlich wie nach dem
11. September) gewöhnen**!!!**

**„Sie werden immer mehr
anfangen es zu mögen!"**

**„Die Überwachungsstaaten, welche
gerade angeblich zum "Schutz" der
Bevölkerung errichtet werden, sie werden
das COVID-19-Virus überdauern!"**

COVID-19 eignet sich hervorragend,
um immer mehr Menschenrechte
abzuschaffen! **Egal, ob die Abschaffung
des Bargeldes, die allgemeine
Impfpflicht, die häusliche / psychiatrische
Quarantäne, das Versammlungs- oder
Reiseverbot.**

Mit COVID-19 und allem was danach noch so folgen möge, scheinen plötzlich die feuchtesten Träume unserer Herrscher doch noch umsetzbar zu werden!

„Wenn zukünftige Historiker auf unsere Zeit zurück blicken, werden sie wohl unausweichlich feststellen, dass eine durch die Medien und den Staat völlig dumm gehaltene Menschheit, aufgrund unzähliger Täuschungen und Lügen, sowie vollkommener Realitätsverweigerung, selbst dafür gesorgt hat, sich die eigenen Menschenrechte rauben zu lassen!"

Totalitäres Regime

„Herrschaft einer kleinen Gruppe von Machthabern, auf der Grundlage einer ideologischen Weltanschauung, welche allgemeine Geltung für alle Lebensbereiche beansprucht und Ansätze einer Art Ersatzreligion annimmt.“

Das jeweilige Regime duldet keinerlei Abweichungen von seiner eigenen **„Staatsideologie“,** noch nicht einmal gedanklich! Wer versucht sich gegen ein totalitäres System aufzulehnen wird grausam verfolgt und mit Drohungen, Erpressungen, Folter, Konzentrationslagern und falls nötig sogar Völkermord vollkommen mundtot gemacht.
So war es beispielsweise auch im Nationalsozialismus des Diktators Adolf Hitler und im kommunistischen System der Sowjetunion unter dem Diktator Josef Stalin der Fall gewesen.

Autoritäres Regime

„Herrschaft einer kleinen Gruppe von Machthabern, welche im Gegensatz zu einem "totalitären Regime", keine allzu stark ausgeprägte Staatsideologie besitzen und sogar bereit sind ihren Bürgern gewisse Freiheiten, beispielsweise wirtschaftliche oder kulturelle, zu geben, solange ihre eigene Herrschaft dadurch nicht gefährdet wird!"

Das wichtigste, hauptsächlichste Ziel eines jeden autoritären Regimes ist die Erhaltung der eigenen Macht und die persönliche Bereicherung auf Kosten des Staates bzw. seiner Bevölkerung!

Epistokratie

Die Philosophenherrschaft (Herrschaft der Philosophenkönige) ist ein zentrales Element der politischen Philosophie des antiken griechischen Philosophen **Platon** (428/427–348/347 v. Chr.).

Platon vertritt in seinem Dialog Politeia („Der Staat") die Auffassung, ein Staat sei nur dann gut regiert, wenn seine Lenkung in der Hand von Philosophen sei. Daher fordert er ein uneingeschränktes Machtmonopol der Philosophen.

Für die Umsetzung sieht er theoretisch zwei Möglichkeiten: "Entweder dass die Herrscher Philosophen werden oder dass die Herrschaft Philosophen übergeben wird!"

Separiert von anderen Klassen der Gesellschaft sollen sie von Geburt an, mittels einer anspruchsvollen umfassenden Ausbildung, auf diese enorm wichtige Aufgabe vorbereitet werden.

Dadurch, dass sich Philosophen im Allgemeinen sowieso ihr gesamtes Leben lang der Weisheit widmen, werden sie folglich als Herrscher stets auch das Gemeinwohl ihrer Bürger im Blick haben.

„Die genauen Einzelheiten legt Platon in seinem "Entwurf für die Verfassung eines von Philosophen regierten idealen Staates" dar!“

Pantisokratie

Als Frühsozialismus oder utopischer Sozialismus werden frühe sozialistische Theorien zusammengefasst.
Ein utopisches Schema, das 1794 unter anderem von den Dichtern **Samuel Taylor Coleridge und Robert Southey** entwickelt wurde. Träumereien von einem gerechten Idealstaat, frühe Konzepte des Gemeineigentums und vor allem **früh-sozialistische Theorien.**

Kommunismus

Kommunismus ist ein 1840 in Frankreich kreierter politischer Begriff. Er bezeichnet eine gesellschaftliche Utopie beruhend auf dem Gedanken der sozialen Gleichheit, sowie Freiheit aller ihrer Mitglieder, indem sie jedwedes Eigentum allesamt gemeinsam besitzen und Probleme als geschlossene Gesellschaft gemeinsam lösen.

Auf diese Weise soll über kurz oder lang eine klassenlose Gesellschaft entstehen, in der alle Menschen vollkommen gleichberechtigt sind. Keine bestimmte Gruppe innerhalb dieser Gesellschaft würde somit irgendwie unfairerweise bevorzugt werden!

Karl Marx (1818-1883) war einer der wichtigsten Vertreter des kommunistischen Konzeptes. Er machte sich beispielsweise viele Gedanken darüber wie man die Wirtschaft und den rasant voranschreitenden technischen Fortschritt gesellschaftlich gerechter verteilen könnte. **Die Lehre von Karl Marx wurde schließlich „Marxismus" genannt!**

-Anarchie- „Herrschaftslosigkeit", von ἀρχία archía „Herrschaft"

(Kennzeichnet einen Zustand der Abwesenheit von Herrschaft!)

Anarchisten wollen die Gesellschaft durch sich selbst regeln lassen, **mit den Worten von Pierre-Joseph Proudhon: „Anarchie ist Ordnung ohne Herrschaft!"**

In vielen Medien wird diese treffende Definition und der eigentliche Sinn der Anarchie mit den Schlagworten **„Chaos und Anarchie"** jedoch häufig verfälscht!

Dadurch wird die Anarchie auch irrtümlicherweise mit einer durch "die Abwesenheit von Staat und gesetzlicher Ordnung" bedingten Zustandes "gesellschaftlicher Unordnung" und einer "gesetzlosen Gewaltherrschaft" gleichgesetzt!

Weitere Bücher des Autors

System / Gesellschaftskritik:

- *Dystopie / Utopie: Schlimmer geht's immer, besser wird's nie!*
- *Demokratie?*
  „Eine Einführung der unterschiedlichen Herrschaftsvariationen"
- *Die 4 Säulen des Scheiterns*
- *SklavenLEBEN*
- *Eine Kritik des modernen Menschen*
- *Equilibrium: Das neue Gleichgewicht*

Verschwörungstheorien:

- *Verschwörungen: Fiktion oder Wirklichkeit?*
- *Reset: Der Anfang einer Neuen Welt*
- *Die COVID-19 Diktatur*
- *Die BRD Verschwörung*
- *Die Rothschild & Bilderberger Verschwörung (2in1 Edition)*

Philosophie:

Philosophie für Anfänger: Band 1-4

1. *Du bist Gott!*
2. *Die Wahrnehmung der Welt*

3. *Freiheit vom Leid*
4. *Die hartnäckige Illusion*
   des ICH'S

- *Das Handbuch der Welt:*
  -New Edition (Sonderedition 2021)
- *Das Handbuch der Welt (2019)*

- *Die Datenwelt Theorie*
- *Die Datenwelt Theorie 2.0*
  -(New Edition 2019)

- *Arthur Schopenhauer:*
  Eine "kleine" Einführung

- *Die höhere Erkenntnis:*
  -New Edition (Sonderedition 2021)
- *Die höhere Erkenntnis:*
  Ein Weg zum besseren
  Verständnis der Welt (2014)

- *Eine kurze Zusammenfassung*
  des Ganzen (2014)
- *Eine kurze Zusammenfassung des*
  Ganzen & Die höhere Erkenntnis:
  (2in1 Sonderedition 2015)

-Das Grundgesetz (GG)

ist die Verfassung für die Bundesrepublik Deutschland. Es wurde vom parlamentarischen Rat, dessen Mitglieder von den Landesparlamenten gewählt worden waren, **am 8. Mai 1949** beschlossen und von den Alliierten genehmigt.

„Es setzt sich aus einer Präambel, den Grundrechten und einem organisatorischen Teil zusammen!"

„Im Grundgesetz sind die wesentlichen staatlichen System- und Werteentscheidungen festgelegt. Es steht im Rang über allen anderen deutschen Rechtsnormen!"

Die Grundrechte:

Grundrechte schützen den einzelnen vor dem Staat. ... **„Als Grundrechte bezeichnet man staatlich garantierte Freiheits- und Gleichheitsrechte, die den einzelnen vor dem Staat schützen. Sie sind für alle drei Säulen staatlicher Gewalt bindend und schränken ihre Macht ein!"**

Artikel 1

(1) Die Würde des Menschen ist unantastbar. Sie
zu achten und zu schützen ist Verpflichtung aller
staatlichen Gewalt.

(2) Das Deutsche Volk bekennt sich darum zu
unverletzlichen und unveräußerlichen
Menschenrechten als Grundlage jeder
menschlichen Gemeinschaft, des Friedens und
der Gerechtigkeit in der Welt.

(3) Die nachfolgenden Grundrechte binden
Gesetzgebung, vollziehende Gewalt und
Rechtsprechung als unmittelbar geltendes Recht.

Artikel 2

(1) Jeder hat das Recht auf die freie Entfaltung
seiner Persönlichkeit, soweit er nicht die Rechte
anderer verletzt und nicht gegen die
verfassungsmäßige Ordnung oder das Sittengesetz
verstößt.

(2) Jeder hat das Recht auf Leben und
körperliche Unversehrtheit. Die Freiheit der
Person ist unverletzlich. In diese Rechte darf nur
auf Grund eines Gesetzes eingegriffen werden.

Artikel 3

(1) Alle Menschen sind vor dem Gesetz gleich.
(2) Männer und Frauen sind gleichberechtigt. Der
Staat fördert die tatsächliche Durchsetzung der

Gleichberechtigung von Frauen und Männern
und wirkt auf die Beseitigung bestehender
Nachteile hin.

(3) Niemand darf wegen seines Geschlechtes,
seiner Abstammung, seiner Rasse, seiner Sprache,
seiner Heimat und Herkunft, seines Glaubens,
seiner religiösen oder politischen Anschauungen
benachteiligt oder bevorzugt werden. Niemand
darf wegen seiner Behinderung benachteiligt
werden.

Artikel 4

(1) Die Freiheit des Glaubens, des Gewissens und
die Freiheit des religiösen und weltanschaulichen
Bekenntnisses sind unverletzlich.

(2) Die ungestörte Religionsausübung wird
gewährleistet.

(3) Niemand darf gegen sein Gewissen zum
Kriegsdienst mit der Waffe gezwungen werden.
Das Nähere regelt ein Bundesgesetz.

Artikel 5

(1) Jeder hat das Recht, seine Meinung in Wort,
Schrift und Bild frei zu äußern und zu verbreiten
und sich aus allgemein zugänglichen Quellen
ungehindert zu unterrichten. Die Pressefreiheit
und die Freiheit der Berichterstattung durch

Rundfunk und Film werden gewährleistet. Eine
Zensur findet nicht statt.

(2) Diese Rechte finden ihre Schranken in den
Vorschriften der allgemeinen Gesetze, den
gesetzlichen Bestimmungen zum Schutze der
Jugend und in dem Recht der persönlichen Ehre.

(3) Kunst und Wissenschaft, Forschung und
Lehre sind frei. Die Freiheit der Lehre entbindet
nicht von der Treue zur Verfassung.

Artikel 6

(1) Ehe und Familie stehen unter dem
besonderen Schutze der staatlichen Ordnung.

(2) Pflege und Erziehung der Kinder sind das
natürliche Recht der Eltern und die zuvörderst
ihnen obliegende Pflicht. Über ihre Betätigung
wacht die staatliche Gemeinschaft.

(3) Gegen den Willen der Erziehungsberechtigten
dürfen Kinder nur auf Grund eines Gesetzes von
der Familie getrennt werden, wenn die
Erziehungsberechtigten versagen oder wenn die
Kinder aus anderen Gründen zu verwahrlosen
drohen.

(4) Jede Mutter hat Anspruch auf den Schutz und
die Fürsorge der Gemeinschaft.
(5) Den unehelichen Kindern sind durch die
Gesetzgebung die gleichen Bedingungen für ihre

leibliche und seelische Entwicklung und ihre
Stellung in der Gesellschaft zu schaffen wie den
ehelichen Kindern.

Artikel 7

(1) Das gesamte Schulwesen steht unter der
Aufsicht des Staates.

(2) Die Erziehungsberechtigten haben das Recht,
über die Teilnahme des Kindes am
Religionsunterricht zu bestimmen.

(3) Der Religionsunterricht ist in den öffentlichen
Schulen mit Ausnahme der bekenntnisfreien
Schulen ordentliches Lehrfach. Unbeschadet des
staatlichen Aufsichtsrechtes wird der
Religionsunterricht in Übereinstimmung mit den
Grundsätzen der Religionsgemeinschaften erteilt.
Kein Lehrer darf gegen seinen Willen verpflichtet
werden, Religionsunterricht zu erteilen.

(4) Das Recht zur Errichtung von privaten
Schulen wird gewährleistet. Private Schulen als
Ersatz für öffentliche Schulen bedürfen der
Genehmigung des Staates und unterstehen den
Landesgesetzen. Die Genehmigung ist zu erteilen,
wenn die privaten Schulen in ihren Lehrzielen
und Einrichtungen sowie in der
wissenschaftlichen Ausbildung ihrer Lehrkräfte
nicht hinter den öffentlichen Schulen
zurückstehen und eine Sonderung der Schüler

nach den Besitzverhältnissen der Eltern nicht
gefördert wird. Die Genehmigung ist zu versagen,
wenn die wirtschaftliche und rechtliche Stellung
der Lehrkräfte nicht genügend gesichert ist.

(5) Eine private Volksschule ist nur zuzulassen,
wenn die Unterrichtsverwaltung ein besonderes
pädagogisches Interesse anerkennt oder, auf
Antrag von Erziehungsberechtigten, wenn sie als
Gemeinschaftsschule, als Bekenntnis- oder
Weltanschauungsschule errichtet werden soll und
eine öffentliche Volksschule dieser Art in der
Gemeinde nicht besteht.

(6) Vorschulen bleiben aufgehoben.

Artikel 8

(1) Alle Deutschen haben das Recht, sich ohne
Anmeldung oder Erlaubnis friedlich und ohne
Waffen zu versammeln.

(2) Für Versammlungen unter freiem Himmel
kann dieses Recht durch Gesetz oder auf Grund
eines Gesetzes beschränkt werden.

Artikel 9

(1) Alle Deutschen haben das Recht, Vereine und
Gesellschaften zu bilden.
(2) Vereinigungen, deren Zwecke oder deren
Tätigkeit den Strafgesetzen zuwiderlaufen oder
die sich gegen die verfassungsmäßige Ordnung

oder gegen den Gedanken der
Völkerverständigung richten, sind verboten.

(3) Das Recht, zur Wahrung und Förderung der
Arbeits- und Wirtschaftsbedingungen
Vereinigungen zu bilden, ist für jedermann und
für alle Berufe gewährleistet. Abreden, die dieses
Recht einschränken oder zu behindern suchen,
sind nichtig, hierauf gerichtete Maßnahmen sind
rechtswidrig. Maßnahmen nach den Artikeln 12a,
35 Abs. 2 und 3, Artikel 87a Abs. 4 und Artikel
91 dürfen sich nicht gegen Arbeitskämpfe richten,
die zur Wahrung und Förderung der Arbeits- und
Wirtschaftsbedingungen von Vereinigungen im
Sinne des Satzes 1 geführt werden.

Artikel 10
(1) Das Briefgeheimnis sowie das Post- und
Fernmeldegeheimnis sind unverletzlich.

(2) Beschränkungen dürfen nur auf Grund eines
Gesetzes angeordnet werden. Dient die
Beschränkung dem Schutze der freiheitlichen
demokratischen Grundordnung oder des
Bestandes oder der Sicherung des Bundes oder
eines Landes, so kann das Gesetz bestimmen, daß
sie dem Betroffenen nicht mitgeteilt wird und daß
an die Stelle des Rechtsweges die Nachprüfung
durch von der Volksvertretung bestellte Organe
und Hilfsorgane tritt.

Artikel 11

(1) Alle Deutschen genießen Freizügigkeit im
ganzen Bundesgebiet.

(2) Dieses Recht darf nur durch Gesetz oder auf
Grund eines Gesetzes und nur für die Fälle
eingeschränkt werden, in denen eine
ausreichende Lebensgrundlage nicht vorhanden
ist und der Allgemeinheit daraus besondere
Lasten entstehen würden oder in denen es zur
Abwehr einer drohenden Gefahr für den Bestand
oder die freiheitliche demokratische
Grundordnung des Bundes oder eines Landes,
zur Bekämpfung von Seuchengefahr,
Naturkatastrophen oder besonders schweren
Unglücksfällen, zum Schutze der Jugend vor
Verwahrlosung oder um strafbaren Handlungen
vorzubeugen, erforderlich ist.

Artikel 12

(1) Alle Deutschen haben das Recht, Beruf,
Arbeitsplatz und Ausbildungsstätte frei zu wählen.
Die Berufsausübung kann durch Gesetz oder auf
Grund eines Gesetzes geregelt werden.

(2) Niemand darf zu einer bestimmten Arbeit
gezwungen werden, außer im Rahmen einer
herkömmlichen allgemeinen, für alle gleichen
öffentlichen Dienstleistungspflicht.

(3) Zwangsarbeit ist nur bei einer gerichtlich angeordneten Freiheitsentziehung zulässig.

Artikel 12a

(1) Männer können vom vollendeten achtzehnten Lebensjahr an zum Dienst in den Streitkräften, im Bundesgrenzschutz oder in einem Zivilschutzverband verpflichtet werden.

(2) Wer aus Gewissensgründen den Kriegsdienst mit der Waffe verweigert, kann zu einem Ersatzdienst verpflichtet werden. Die Dauer des Ersatzdienstes darf die Dauer des Wehrdienstes nicht übersteigen. Das Nähere regelt ein Gesetz, das die Freiheit der Gewissensentscheidung nicht beeinträchtigen darf und auch eine Möglichkeit des Ersatzdienstes vorsehen muß, die in keinem Zusammenhang mit den Verbänden der Streitkräfte und des Bundesgrenzschutzes steht.

(3) Wehrpflichtige, die nicht zu einem Dienst nach Absatz 1 oder 2 herangezogen sind, können im Verteidigungsfalle durch Gesetz oder auf Grund eines Gesetzes zu zivilen Dienstleistungen für Zwecke der Verteidigung einschließlich des Schutzes der Zivilbevölkerung in Arbeitsverhältnisse verpflichtet werden; Verpflichtungen in öffentlich-rechtliche Dienstverhältnisse sind nur zur Wahrnehmung polizeilicher Aufgaben oder solcher hoheitlichen Aufgaben der öffentlichen Verwaltung, die nur in

einem öffentlich-rechtlichen Dienstverhältnis erfüllt werden können, zulässig. Arbeitsverhältnisse nach Satz 1 können bei den Streitkräften, im Bereich ihrer Versorgung sowie bei der öffentlichen Verwaltung begründet werden; Verpflichtungen in Arbeitsverhältnisse im Bereiche der Versorgung der Zivilbevölkerung sind nur zulässig, um ihren lebensnotwendigen Bedarf zu decken oder ihren Schutz sicherzustellen.

(4) Kann im Verteidigungsfalle der Bedarf an zivilen Dienstleistungen im zivilen Sanitäts- und Heilwesen sowie in der ortsfesten militärischen Lazarettorganisation nicht auf freiwilliger Grundlage gedeckt werden, so können Frauen vom vollendeten achtzehnten bis zum vollendeten fünfundfünfzigsten Lebensjahr durch Gesetz oder auf Grund eines Gesetzes zu derartigen Dienstleistungen herangezogen werden. Sie dürfen auf keinen Fall zum Dienst mit der Waffe verpflichtet werden.

(5) Für die Zeit vor dem Verteidigungsfalle können Verpflichtungen nach Absatz 3 nur nach Maßgabe des Artikels 80a Abs. 1 begründet werden. Zur Vorbereitung auf Dienstleistungen nach Absatz 3, für die besondere Kenntnisse oder Fertigkeiten erforderlich sind, kann durch Gesetz oder auf Grund eines Gesetzes die Teilnahme an

Ausbildungsveranstaltungen zur Pflicht gemacht werden. Satz 1 findet insoweit keine Anwendung.

(6) Kann im Verteidigungsfalle der Bedarf an Arbeitskräften für die in Absatz 3 Satz 2 genannten Bereiche auf freiwilliger Grundlage nicht gedeckt werden, so kann zur Sicherung dieses Bedarfs die Freiheit der Deutschen, die Ausübung eines Berufs oder den Arbeitsplatz aufzugeben, durch Gesetz oder auf Grund eines Gesetzes eingeschränkt werden. Vor Eintritt des Verteidigungsfalles gilt Absatz 5 Satz 1 entsprechend.

Artikel 13

(1) Die Wohnung ist unverletzlich.

(2) Durchsuchungen dürfen nur durch den Richter, bei Gefahr im Verzuge auch durch die in den Gesetzen vorgesehenen anderen Organe angeordnet und nur in der dort vorgeschriebenen Form durchgeführt werden.

(3) Begründen bestimmte Tatsachen den Verdacht, daß jemand eine durch Gesetz einzeln bestimmte besonders schwere Straftat begangen hat, so dürfen zur Verfolgung der Tat auf Grund richterlicher Anordnung technische Mittel zur akustischen Überwachung von Wohnungen, in denen der Beschuldigte sich vermutlich aufhält, eingesetzt werden, wenn die Erforschung des

Sachverhalts auf andere Weise unverhältnismäßig
erschwert oder aussichtslos wäre. Die Maßnahme
ist zu befristen. Die Anordnung erfolgt durch
einen mit drei Richtern besetzten Spruchkörper.
Bei Gefahr im Verzuge kann sie auch durch
einen einzelnen Richter getroffen werden.

(4) Zur Abwehr dringender Gefahren für die
öffentliche Sicherheit, insbesondere einer
gemeinen Gefahr oder einer Lebensgefahr,
dürfen technische Mittel zur Überwachung von
Wohnungen nur auf Grund richterlicher
Anordnung eingesetzt werden. Bei Gefahr im
Verzuge kann die Maßnahme auch durch eine
andere gesetzlich bestimmte Stelle angeordnet
werden; eine richterliche Entscheidung ist
unverzüglich nachzuholen.

(5) Sind technische Mittel ausschließlich zum
Schutze der bei einem Einsatz in Wohnungen
tätigen Personen vorgesehen, kann die
Maßnahme durch eine gesetzlich bestimmte Stelle
angeordnet werden. Eine anderweitige
Verwertung der hierbei erlangten Erkenntnisse ist
nur zum Zwecke der Strafverfolgung oder der
Gefahrenabwehr und nur zulässig, wenn zuvor die
Rechtmäßigkeit der Maßnahme richterlich
festgestellt ist; bei Gefahr im Verzuge ist die
richterliche Entscheidung unverzüglich
nachzuholen.

(6) Die Bundesregierung unterrichtet den Bundestag jährlich über den nach Absatz 3 sowie über den im Zuständigkeitsbereich des Bundes nach Absatz 4 und, soweit richterlich überprüfungsbedürftig, nach Absatz 5 erfolgten Einsatz technischer Mittel. Ein vom Bundestag gewähltes Gremium übt auf der Grundlage dieses Berichts die parlamentarische Kontrolle aus. Die Länder gewährleisten eine gleichwertige parlamentarische Kontrolle.

(7) Eingriffe und Beschränkungen dürfen im übrigen nur zur Abwehr einer gemeinen Gefahr oder einer Lebensgefahr für einzelne Personen, auf Grund eines Gesetzes auch zur Verhütung dringender Gefahren für die öffentliche Sicherheit und Ordnung, insbesondere zur Behebung der Raumnot, zur Bekämpfung von Seuchengefahr oder zum Schutze gefährdeter Jugendlicher vorgenommen werden.

Artikel 14

(1) Das Eigentum und das Erbrecht werden gewährleistet. Inhalt und Schranken werden durch die Gesetze bestimmt.

(2) Eigentum verpflichtet. Sein Gebrauch soll zugleich dem Wohle der Allgemeinheit dienen.

(3) Eine Enteignung ist nur zum Wohle der Allgemeinheit zulässig. Sie darf nur durch Gesetz oder auf Grund eines Gesetzes erfolgen, das Art

und Ausmaß der Entschädigung regelt. Die
Entschädigung ist unter gerechter Abwägung der
Interessen der Allgemeinheit und der Beteiligten
zu bestimmen. Wegen der Höhe der
Entschädigung steht im Streitfalle der Rechtsweg
vor den ordentlichen Gerichten offen.

Artikel 15

Grund und Boden, Naturschätze und
Produktionsmittel können zum Zwecke der
Vergesellschaftung durch ein Gesetz, das Art und
Ausmaß der Entschädigung regelt, in
Gemeineigentum oder in andere Formen der
Gemeinwirtschaft überführt werden. Für die
Entschädigung gilt Artikel 14 Abs. 3 Satz 3 und 4
entsprechend.

Artikel 16

(1) Die deutsche Staatsangehörigkeit darf nicht
entzogen werden. Der Verlust der
Staatsangehörigkeit darf nur auf Grund eines
Gesetzes und gegen den Willen des Betroffenen
nur dann eintreten, wenn der Betroffene dadurch
nicht staatenlos wird.

(2) Kein Deutscher darf an das Ausland
ausgeliefert werden. Durch Gesetz kann eine
abweichende Regelung für Auslieferungen an
einen Mitgliedstaat der Europäischen Union oder
an einen internationalen Gerichtshof getroffen

*werden, soweit rechtsstaatliche Grundsätze
gewahrt sind.*

Artikel 16a

(1) Politisch Verfolgte genießen Asylrecht.

*(2) Auf Absatz 1 kann sich nicht berufen, wer aus
einem Mitgliedstaat der Europäischen
Gemeinschaften oder aus einem anderen
Drittstaat einreist, in dem die Anwendung des
Abkommens über die Rechtsstellung der
Flüchtlinge und der Konvention zum Schutze der
Menschenrechte und Grundfreiheiten
sichergestellt ist. Die Staaten außerhalb der
Europäischen Gemeinschaften, auf die die
Voraussetzungen des Satzes 1 zutreffen, werden
durch Gesetz, das der Zustimmung des
Bundesrates bedarf, bestimmt. In den Fällen des
Satzes 1 können aufenthaltsbeendende
Maßnahmen unabhängig von einem hiergegen
eingelegten Rechtsbehelf vollzogen werden.*

*(3) Durch Gesetz, das der Zustimmung des
Bundesrates bedarf, können Staaten bestimmt
werden, bei denen auf Grund der Rechtslage, der
Rechtsanwendung und der allgemeinen
politischen Verhältnisse gewährleistet erscheint,
daß dort weder politische Verfolgung noch
unmenschliche oder erniedrigende Bestrafung
oder Behandlung stattfindet. Es wird vermutet,
daß ein Ausländer aus einem solchen Staat nicht*

verfolgt wird, solange er nicht Tatsachen vorträgt,
die die Annahme begründen, daß er entgegen
dieser Vermutung politisch verfolgt wird.

(4) Die Vollziehung aufenthaltsbeendender
Maßnahmen wird in den Fällen des Absatzes 3
und in anderen Fällen, die offensichtlich
unbegründet sind oder als offensichtlich
unbegründet gelten, durch das Gericht nur
ausgesetzt, wenn ernstliche Zweifel an der
Rechtmäßigkeit der Maßnahme bestehen; der
Prüfungsumfang kann eingeschränkt werden und
verspätetes Vorbringen unberücksichtigt bleiben.
Das Nähere ist durch Gesetz zu bestimmen.

(5) Die Absätze 1 bis 4 stehen völkerrechtlichen
Verträgen von Mitgliedstaaten der Europäischen
Gemeinschaften untereinander und mit dritten
Staaten nicht entgegen, die unter Beachtung der
Verpflichtungen aus dem Abkommen über die
Rechtsstellung der Flüchtlinge und der
Konvention zum Schutze der Menschenrechte
und Grundfreiheiten, deren Anwendung in den
Vertragsstaaten sichergestellt sein muß,
Zuständigkeitsregelungen für die Prüfung von
Asylbegehren einschließlich der gegenseitigen
Anerkennung von Asylentscheidungen treffen.

Artikel 17

Jedermann hat das Recht, sich einzeln oder in
Gemeinschaft mit anderen schriftlich mit Bitten

oder Beschwerden an die zuständigen Stellen und
an die Volksvertretung zu wenden.

Artikel 17a

(1) Gesetze über Wehrdienst und Ersatzdienst
können bestimmen, daß für die Angehörigen der
Streitkräfte und des Ersatzdienstes während der
Zeit des Wehr- oder Ersatzdienstes das
Grundrecht, seine Meinung in Wort, Schrift und
Bild frei zu äußern und zu verbreiten (Artikel 5
Abs. 1 Satz 1 erster Halbsatz), das Grundrecht
der Versammlungsfreiheit (Artikel 8) und das
Petitionsrecht (Artikel 17), soweit es das Recht
gewährt, Bitten oder Beschwerden in
Gemeinschaft mit anderen vorzubringen,
eingeschränkt werden.

(2) Gesetze, die der Verteidigung einschließlich
des Schutzes der Zivilbevölkerung dienen,
können bestimmen, daß die Grundrechte der
Freizügigkeit (Artikel 11) und der
Unverletzlichkeit der Wohnung (Artikel 13)
eingeschränkt werden.

Artikel 18

Wer die Freiheit der Meinungsäußerung,
insbesondere die Pressefreiheit (Artikel 5 Abs. 1),
die Lehrfreiheit (Artikel 5 Abs. 3), die
Versammlungsfreiheit (Artikel 8), die
Vereinigungsfreiheit (Artikel 9), das Brief-, Post-
und Fernmeldegeheimnis (Artikel 10), das

Eigentum (Artikel 14) oder das Asylrecht (Artikel 16a) zum Kampfe gegen die freiheitliche demokratische Grundordnung mißbraucht, verwirkt diese Grundrechte. Die Verwirkung und ihr Ausmaß werden durch das Bundesverfassungsgericht ausgesprochen.

Artikel 19

(1) Soweit nach diesem Grundgesetz ein Grundrecht durch Gesetz oder auf Grund eines Gesetzes eingeschränkt werden kann, muß das Gesetz allgemein und nicht nur für den Einzelfall gelten. Außerdem muß das Gesetz das Grundrecht unter Angabe des Artikels nennen.

(2) In keinem Falle darf ein Grundrecht in seinem Wesensgehalt angetastet werden.

(3) Die Grundrechte gelten auch für inländische juristische Personen, soweit sie ihrem Wesen nach auf diese anwendbar sind.

(4) Wird jemand durch die öffentliche Gewalt in seinen Rechten verletzt, so steht ihm der Rechtsweg offen. Soweit eine andere Zuständigkeit nicht begründet ist, ist der ordentliche Rechtsweg gegeben. Artikel 10 Abs. 2 Satz 2 bleibt unberührt.

Dennis Hans Ladener